TRANZLATY
Language is for everyone
भाषा सभी के लिए है

Aladdin and the Wonderful Lamp

अलादीन और अद्भुत दीपक

Antoine Galland

एंटोनी गैलैंड

English / हिंदी

Copyright © 2025 Tranzlaty
All rights reserved
Published by Tranzlaty
ISBN: 978-1-83566-922-8
Original text by Antoine Galland
From *"Les mille et une nuits"*
First published in French in 1704
Taken from The Blue Fairy Book
Collected and translated by Andrew Lang
www.tranzlaty.com

Once upon a time there lived a poor tailor
एक बार की बात है, एक गरीब दर्जी रहता था
this poor tailor had a son called Aladdin
इस गरीब दर्जी का एक बेटा था जिसका नाम अलादीन था
Aladdin was a careless, idle boy who did nothing
अलादीन एक लापरवाह, बेकार लड़का था जो कुछ नहीं करता था
although, he did like to play ball all day long
हालाँकि, वह दिन भर गेंद खेलना पसंद करता था
this he did in the streets with other little idle boys
यह काम वह अन्य छोटे-छोटे बेकार लड़कों के साथ सड़कों पर करता था
This so grieved the father that he died
इससे पिता को इतना दुःख हुआ कि उनकी मृत्यु हो गई
his mother cried and prayed, but nothing helped
उसकी माँ रोती रही और प्रार्थना करती रही, लेकिन कुछ भी मदद नहीं मिली
despite her pleading, Aladdin did not mend his ways
उसकी विनती के बावजूद, अलादीन ने अपना व्यवहार नहीं बदला
One day, Aladdin was playing in the streets, as usual
एक दिन, अलादीन हमेशा की तरह सड़क पर खेल रहा था
a stranger asked him his age
एक अजनबी ने उससे उसकी उम्र पूछी
and he asked him, "are you not the son of Mustapha the tailor?"
और उसने उससे पूछा, "क्या तुम मुस्तफा दर्जी के पुत्र नहीं हो?"
"I am the son of Mustapha, sir," replied Aladdin
अलादीन ने कहा, "मैं मुस्तफा का बेटा हूं, साहब।"
"but he died a long time ago"

"लेकिन वह बहुत पहले मर गया"
the stranger was a famous African magician
वह अजनबी एक प्रसिद्ध अफ़्रीकी जादूगर था
and he fell on his neck and kissed him
और वह उसकी गर्दन पर गिर गया और उसे चूमा
"I am your uncle," said the magician
"मैं तुम्हारा चाचा हूँ," जादूगर ने कहा
"I knew you from your likeness to my brother"
"मैं तुम्हें अपने भाई के समान दिखने के कारण जानता था"
"Go to your mother and tell her I am coming"
"अपनी माँ के पास जाओ और उससे कहो कि मैं आ रहा हूँ"
Aladdin ran home and told his mother of his newly found uncle
अलादीन भागकर घर गया और अपनी मां को अपने नए चाचा के बारे में बताया
"Indeed, child," she said, "your father had a brother"
"वास्तव में, बच्चे," उसने कहा, "तुम्हारे पिता का एक भाई था"
"but I always thought he was dead"
"लेकिन मुझे हमेशा लगता था कि वह मर चुका है"
However, she prepared supper for the visitor
हालाँकि, उसने आगंतुक के लिए रात का खाना तैयार किया
and she bade Aladdin to seek his uncle
और उसने अलादीन को अपने चाचा की तलाश करने को कहा
Aladdin's uncle came laden with wine and fruit
अलादीन का चाचा शराब और फलों से लदा हुआ आया
He fell down and kissed the place where Mustapha used to sit
वह नीचे गिर पड़ा और उस जगह को चूमा जहाँ मुस्तफा बैठा करता था
and he bid Aladdin's mother not to be surprised

और उसने अलादीन की माँ से कहा कि वह आश्चर्यचकित न हो

he explained he had been out of the country for forty years
उन्होंने बताया कि वे चालीस वर्षों से देश से बाहर हैं

He then turned to Aladdin and asked him his trade
फिर वह अलादीन की ओर मुड़ा और उससे उसका व्यापार पूछा

but the boy hung his head in shame
लेकिन लड़के ने शर्म से अपना सिर झुका लिया

and his mother burst into tears
और उसकी माँ फूट-फूट कर रोने लगी

so Aladdin's uncle offered to provide food
इसलिए अलादीन के चाचा ने भोजन उपलब्ध कराने की पेशकश की

The next day he bought Aladdin a fine set of clothes
अगले दिन उसने अलादीन के लिए बढ़िया कपड़े खरीदे।

and he took him all over the city
और वह उसे पूरे शहर में ले गया

he showed him the sights of the city
उसने उसे शहर के नज़ारे दिखाए

at nightfall he brought him home to his mother
रात होने पर वह उसे अपनी माँ के पास घर ले आया

his mother was overjoyed to see her son so well dressed
उसकी माँ अपने बेटे को इतने अच्छे कपड़े पहने देखकर बहुत खुश हुई

The next day the magician led Aladdin into some beautiful gardens
अगले दिन जादूगर अलादीन को कुछ खूबसूरत बगीचों में ले गया।

this was a long way outside the city gates

यह शहर के फाटकों के बाहर एक लंबा रास्ता था

They sat down by a fountain

वे एक फव्वारे के पास बैठ गए

and the magician pulled a cake from his girdle

और जादूगर ने अपनी कमर से एक केक निकाला

he divided the cake between the two of them

उसने केक उन दोनों के बीच बाँट दिया

Then they journeyed onward till they almost reached the mountains

फिर वे आगे बढ़ते रहे जब तक कि वे लगभग पहाड़ों तक नहीं पहुँच गए

Aladdin was so tired that he begged to go back

अलादीन इतना थक गया था कि उसने वापस जाने की भीख मांगी

but the magician beguiled him with pleasant stories

लेकिन जादूगर ने उसे सुखद कहानियों से बहकाया

and he led him on in spite of his laziness

और उसने अपने आलस्य के बावजूद उसका नेतृत्व किया

At last they came to two mountains

अंततः वे दो पहाड़ों पर पहुंचे

the two mountains were divided by a narrow valley

दोनों पहाड़ एक संकरी घाटी से विभाजित थे

"We will go no farther," said the false uncle

"हम आगे नहीं जाएंगे," झूठे चाचा ने कहा

"I will show you something wonderful"

"मैं तुम्हें कुछ अद्भुत दिखाऊंगा"

"gather up sticks, while I kindle a fire"

"तुम लकड़ियाँ इकट्ठी करो, मैं आग जलाता हूँ"

When the fire was lit the magician threw a powder on it

जब आग जलाई गई तो जादूगर ने उस पर पाउडर फेंका

and he said some magical words

और उसने कुछ जादुई शब्द कहे
The earth trembled a little and opened in front of them
धरती थोड़ी सी कांपी और उनके सामने खुल गई
a square flat stone revealed itself
एक चौकोर सपाट पत्थर प्रकट हुआ
and in the middle of the stone was a brass ring
और पत्थर के बीच में एक पीतल की अंगूठी थी
Aladdin tried to run away
अलादीन ने भागने की कोशिश की
but the magician caught him
लेकिन जादूगर ने उसे पकड़ लिया
and gave him a blow that knocked him down
और उसे एक ऐसा झटका दिया जिससे वह नीचे गिर गया
"What have I done, uncle?" he said, piteously
"मैंने क्या किया है, चाचा?" उसने दयनीय भाव से कहा।
the magician said more kindly, "Fear nothing, but obey me"
जादूगर ने और अधिक विनम्रता से कहा, "किसी बात से मत डरो, मेरी बात मानो"
"Beneath this stone lies a treasure which is to be yours"
"इस पत्थर के नीचे एक खजाना छिपा है जो तुम्हारा है"
"and no one else may touch this treasure"
"और कोई भी इस खजाने को छू न सके"
"so you must do exactly as I tell you"
"इसलिए तुम्हें वैसा ही करना होगा जैसा मैं तुम्हें बताऊँ"
At the mention of treasure Aladdin forgot his fears
खजाने का जिक्र आते ही अलादीन अपना डर भूल गया
he grasped the ring as he was told
उसने अंगूठी पकड़ ली जैसा उसे बताया गया था
and he said the names of his father and grandfather
और उसने अपने पिता और दादा का नाम बताया
The stone came up quite easily

पत्थर बहुत आसानी से ऊपर आ गया
and some steps appeared in front of them
और उनके सामने कुछ सीढ़ियाँ दिखाई दीं
"Go down," said the magician
जादूगर ने कहा, "नीचे जाओ"
"at the foot of those steps you will find an open door"
"उन सीढ़ियों के नीचे आपको एक खुला दरवाज़ा मिलेगा"
"the door leads into three large halls"
"दरवाजा तीन बड़े हॉलों की ओर जाता है"
"Tuck up your gown and go through the halls"
"अपना गाउन ऊपर उठाओ और हॉल से गुजरो"
"make sure not to touch anything"
"ध्यान रखें कि किसी भी चीज़ को न छुएं"
"if you touch anything, you will instantly die"
"अगर तुम कुछ भी छू लोगे तो तुरंत मर जाओगे"
"These halls lead into a garden of fine fruit trees"
"ये हॉल बढ़िया फलों के पेड़ों के बगीचे की ओर ले जाते हैं"
"Walk on until you reach a gap in the terrace"
"जब तक आप छत पर एक अंतराल तक नहीं पहुंच जाते तब तक चलते रहें"
"there you will see a lighted lamp"
"वहां आपको एक जलता हुआ दीपक दिखाई देगा"
"Pour out the oil of the lamp"
"दीपक का तेल उंडेल दो"
"and then bring me the lamp"
"और फिर मेरे लिए दीपक ले आओ"
He drew a ring from his finger and gave it to Aladdin
उसने अपनी उंगली से एक अंगूठी निकाली और अलादीन को दे दी।
and he bid him to prosper
और उसने उसे समृद्ध होने का आदेश दिया

Aladdin found everything as the magician had said
अलादीन को सब कुछ वैसा ही मिला जैसा जादूगर ने कहा था
he gathered some fruit off the trees
उसने पेड़ों से कुछ फल तोड़े
and, having got the lamp, he arrived at the mouth of the cave
और दीपक लेकर वह गुफा के मुहाने पर पहुंचा
The magician cried out in a great hurry
जादूगर ने बड़ी जल्दी में चिल्लाकर कहा
"Make haste and give me the lamp"
"जल्दी करो और मुझे दीपक दो"
Aladdin refused to do this until he was out of the cave
अलादीन ने ऐसा करने से तब तक इनकार कर दिया जब तक वह गुफा से बाहर नहीं निकल गया
The magician flew into a terrible rage
जादूगर भयंकर क्रोध में आ गया
he threw some more powder on to the fire
उसने आग में कुछ और पाउडर डाला
and then he cast another magic spell
और फिर उसने एक और जादू किया
and the stone rolled back into its place
और पत्थर अपनी जगह पर वापस लुढ़क गया
The magician left Persia for ever
जादूगर हमेशा के लिए फारस छोड़ गया
this plainly showed that he was no uncle of Aladdin's
इससे साफ़ पता चलता है कि वह अलादीन का चाचा नहीं था
what he really was was a cunning magician
वह वास्तव में एक चालाक जादूगर था
a magician who had read of a magic lamp
एक जादूगर जिसने जादुई चिराग के बारे में पढ़ा था
a magic lamp which would make him the most powerful man in the world

एक जादुई चिराग जो उसे दुनिया का सबसे शक्तिशाली आदमी बना देगा

but he alone knew where to find the magic lamp

लेकिन केवल वही जानता था कि जादुई चिराग कहां मिलेगा

and he could only receive the magic lamp from the hand of another

और वह जादुई चिराग केवल दूसरे के हाथ से ही प्राप्त कर सकता था

He had picked out the foolish Aladdin for this purpose

उसने मूर्ख अलादीन को इस उद्देश्य के लिए चुना था

he had intended to get the magical lamp and kill him afterwards

उसका इरादा जादुई चिराग पाने और उसके बाद उसे मार डालने का था

For two days Aladdin remained in the dark

दो दिन तक अलादीन अंधेरे में रहा

he cried and lamented his situation

वह रोया और अपनी स्थिति पर विलाप किया

At last he clasped his hands in prayer

अंततः उसने प्रार्थना में अपने हाथ जोड़ लिए

and in so doing he rubbed the ring

और ऐसा करते हुए उसने अंगूठी को रगड़ा

the magician had forgotten to take the ring back from him

जादूगर उससे अंगूठी वापस लेना भूल गया था

Immediately an enormous and frightful genie rose out of the earth

तुरन्त ही एक विशाल और भयावह जिन्न धरती से बाहर निकला।

"What would thou have me do?"

"आप मुझसे क्या करवाना चाहते हैं?"

"I am the Slave of the Ring"

"मैं अंगूठी का गुलाम हूँ"
"and I will obey thee in all things"
"और मैं सब बातों में तेरी आज्ञा मानूंगा"
Aladdin fearlessly replied: "Deliver me from this place!"
अलादीन ने निर्भयता से उत्तर दिया: "मुझे इस स्थान से छुड़ाओ!"
and the earth opened above him
और धरती उसके ऊपर खुल गई
and he found himself outside
और उसने खुद को बाहर पाया
As soon as his eyes could bear the light he went home
जैसे ही उसकी आँखों की रोशनी सहन करने लायक हुई वह घर चला गया
but he fainted when he got there
लेकिन वहां पहुंचते ही वह बेहोश हो गया
When he came to himself he told his mother what had happened
जब उसे होश आया तो उसने अपनी माँ को बताया कि क्या हुआ था
and he showed her the lamp
और उसने उसे दीपक दिखाया
and he showed her the fruits he had gathered in the garden
और उसने उसे बगीचे में एकत्र किए गए फल दिखाए
the fruits were, in reality, precious stones
फल वास्तव में कीमती पत्थर थे
He then asked for some food
फिर उसने कुछ खाने के लिए कहा
"Alas! child," she said
"हाय! बच्चे," उसने कहा
"I have no food in the house"
"मेरे घर में खाने को कुछ नहीं है"

"but I have spun a little cotton"
"लेकिन मैंने थोड़ा सा कपास काता है"
"and I will go and sell the cotton"
"और मैं जाकर कपास बेचूंगा"
Aladdin bade her keep her cotton
अलादीन ने उसे अपना कपास रखने का आदेश दिया
he told her he would sell the magic lamp instead of the cotton
उसने उससे कहा कि वह कपास के बदले जादुई चिराग बेचेगा
As it was very dirty she began to rub the magic lamp
चूंकि वह बहुत गंदा था, इसलिए उसने जादुई दीपक को रगड़ना शुरू कर दिया।
a clean magic lamp might fetch a higher price
एक साफ जादुई चिराग की कीमत अधिक हो सकती है
Instantly a hideous genie appeared
तुरन्त ही एक भयानक जिन्न प्रकट हुआ
he asked what she would like to have
उसने पूछा कि वह क्या चाहती है
at the sight of the genie she fainted
जिन्न को देखते ही वह बेहोश हो गई
but Aladdin, snatching the magic lamp, said boldly:
लेकिन अलादीन ने जादुई चिराग छीन लिया और साहसपूर्वक कहा:
"Fetch me something to eat!"
"मेरे लिए कुछ खाने को लाओ!"
The genie returned with a silver bowl
जिन्न चाँदी का कटोरा लेकर लौटा
he had twelve silver plates containing rich meats
उसके पास बारह चांदी की प्लेटें थीं जिनमें स्वादिष्ट मांस था
and he had two silver cups and two bottles of wine
और उसके पास दो चांदी के प्याले और दो बोतल शराब थी

Aladdin's mother, when she came to herself, said:
अलादीन की माँ जब होश में आई तो बोली:
"Whence comes this splendid feast?"
"यह शानदार दावत कहाँ से आती है?"
"Ask not where this food came from, but eat, mother," replied Aladdin
अलादीन ने कहा, "यह मत पूछो कि यह भोजन कहां से आया, बल्कि खाओ, माँ।"
So they sat at breakfast till it was dinner-time
इसलिए वे नाश्ते पर तब तक बैठे रहे जब तक कि खाने का समय नहीं हो गया
and Aladdin told his mother about the magic lamp
और अलादीन ने अपनी माँ को जादुई चिराग के बारे में बताया
She begged him to sell the magic lamp
उसने उससे जादुई चिराग बेचने की विनती की
"let us have nothing to do with devils"
"हमें शैतानों से कोई संबंध नहीं रखना चाहिए"
but Aladdin had thought it would be wiser to use the magic lamp
लेकिन अलादीन ने सोचा कि जादुई चिराग का इस्तेमाल करना ज़्यादा समझदारी होगी
"chance hath made us aware of the magic lamp's virtues"
"संयोग ने हमें जादुई चिराग के गुणों से परिचित करा दिया है"
"we will use the magic lamp, and we will use the ring"
"हम जादुई चिराग का उपयोग करेंगे, और हम अंगूठी का उपयोग करेंगे"
"I shall always wear the ring on my finger"
"मैं हमेशा अपनी उंगली में अंगूठी पहनूंगा"
When they had eaten all the genie had brought, Aladdin sold one of the silver plates

जब उन्होंने जिन्न द्वारा लाई गई सारी चीज़ें खा लीं, तो अलादीन ने चाँदी की एक प्लेट बेच दी

and when he needed money again he sold the next plate

और जब उसे फिर से पैसों की जरूरत पड़ी तो उसने अगली प्लेट बेच दी

he did this until no plates were left

वह ऐसा तब तक करता रहा जब तक कोई प्लेट नहीं बची

He then made another wish to the genie

फिर उसने जिन्न से एक और इच्छा की

and the genie gave him another set of plates

और जिन्न ने उसे प्लेटों का एक और सेट दिया

and in this way they lived for many years

और इस तरह वे कई वर्षों तक जीवित रहे

One day Aladdin heard an order from the Sultan

एक दिन अलादीन को सुल्तान का आदेश सुनाई दिया।

everyone was to stay at home and close their shutters

सभी को घर पर रहना था और अपनी दुकानें बंद करनी थीं

the Princess was going to and from her bath

राजकुमारी स्नान के लिए जा रही थी

Aladdin was seized by a desire to see her face

अलादीन को उसका चेहरा देखने की इच्छा हुई

although it was very difficult to see her face

हालाँकि उसका चेहरा देखना बहुत मुश्किल था

because everywhere she went she wore a veil

क्योंकि वह जहाँ भी जाती थी घूंघट पहनती थी

He hid himself behind the door of the bath

वह स्नानघर के दरवाजे के पीछे छिप गया

and he peeped through a chink in the door

और उसने दरवाजे की एक दरार से झाँका

The Princess lifted her veil as she went in to the bath

राजकुमारी ने स्नान के लिए जाते समय अपना घूंघट उठाया

and she looked so beautiful that Aladdin instantly fell in love with her

और वह इतनी खूबसूरत लग रही थी कि अलादीन को तुरंत उससे प्यार हो गया

He went home so changed that his mother was frightened

वह इतना बदल कर घर गया कि उसकी माँ डर गई

He told her he loved the Princess so deeply that he could not live without her

उसने उससे कहा कि वह राजकुमारी से इतना प्यार करता है कि वह उसके बिना नहीं रह सकता

and he wanted to ask her in marriage of her father

और वह उससे उसके पिता से शादी के लिए पूछना चाहता था

His mother, on hearing this, burst out laughing

यह सुनकर उसकी माँ जोर से हंस पड़ी

but Aladdin finally convinced her to go to the Sultan

लेकिन अलादीन ने अंततः उसे सुल्तान के पास जाने के लिए मना लिया

and she was going to carry his request

और वह उसका अनुरोध पूरा करने जा रही थी

She fetched a napkin and laid in it the magic fruits

उसने एक रुमाल लिया और उसमें जादुई फल रख दिए

the magic fruits from the enchanted garden

जादुई बगीचे से जादुई फल

the fruits sparkled and shone like the most beautiful jewels

फल चमक उठे और सबसे सुंदर रत्नों की तरह चमक उठे

She took the magic fruits with her to please the Sultan

वह सुल्तान को खुश करने के लिए जादुई फल अपने साथ ले गई

and she set out, trusting in the lamp

और वह दीपक पर भरोसा करके चल पड़ी

The Grand Vizier and the lords of council had just gone into

the palace
ग्रैंड वज़ीर और परिषद के लॉर्ड्स अभी महल में गए थे
and she placed herself in front of the Sultan
और उसने खुद को सुल्तान के सामने पेश किया
He, however, took no notice of her
हालाँकि, उसने उसकी ओर कोई ध्यान नहीं दिया
She went every day for a week
वह एक सप्ताह तक हर दिन जाती रही
and she stood in the same place
और वह उसी स्थान पर खड़ी रही
When the council broke up on the sixth day the Sultan said to his Vizier:
जब छठे दिन परिषद समाप्त हुई तो सुल्तान ने अपने वज़ीर से कहा:
"I see a certain woman in the audience-chamber every day"
"मैं हर दिन दर्शक-कक्ष में एक खास महिला को देखता हूं"
"she is always carrying something in a napkin"
"वह हमेशा नैपकिन में कुछ न कुछ लेकर चलती है"
"Call her to come to us, next time"
"उसे अगली बार हमारे पास आने के लिए बुलाओ"
"so that I may find out what she wants"
"ताकि मैं जान सकूँ कि वह क्या चाहती है"
Next day the Vizier gave her a sign
अगले दिन वज़ीर ने उसे एक संकेत दिया
she went up to the foot of the throne
वह सिंहासन के नीचे तक चली गई
and she remained kneeling till the Sultan spoke to her
और वह तब तक घुटनों के बल बैठी रही जब तक सुल्तान ने उससे बात नहीं की
"Rise, good woman, tell me what you want"
"उठो, अच्छी औरत, मुझे बताओ तुम क्या चाहती हो"

She hesitated, so the Sultan sent away all but the Vizier
वह हिचकिचाई, इसलिए सुल्तान ने वज़ीर को छोड़कर सभी को भेज दिया
and he bade her to speak frankly
और उसने उसे खुलकर बोलने को कहा
and he promised to forgive her for anything she might say
और उसने उससे वादा किया कि वह जो कुछ भी कहेगी उसे माफ़ कर देगा
She then told him of her son's great love for the Princess
फिर उसने उसे राजकुमारी के प्रति अपने बेटे के महान प्रेम के बारे में बताया
"I prayed for him to forget her," she said
"मैंने प्रार्थना की कि वह उसे भूल जाए," उसने कहा
"but my prayers were in vain"
"लेकिन मेरी प्रार्थना व्यर्थ थी"
"he threatened to do some desperate deed if I refused to go"
"अगर मैंने जाने से इनकार कर दिया तो उसने मुझे धमकी दी कि वह कोई खतरनाक काम कर देगा"
"and so I ask your Majesty for the hand of the Princess"
"और इसलिए मैं आपसे राजकुमारी का हाथ मांगता हूं"
"but now I pray you to forgive me"
"लेकिन अब मैं आपसे प्रार्थना करता हूं कि आप मुझे क्षमा कर दें"
"and I pray that you forgive my son Aladdin"
"और मैं प्रार्थना करता हूं कि आप मेरे बेटे अलादीन को माफ कर दें"
The Sultan asked her kindly what she had in the napkin
सुल्तान ने उससे विनम्रतापूर्वक पूछा कि नैपकिन में क्या है?
so she unfolded the napkin
तो उसने नैपकिन खोला

and she presented the jewels to the Sultan
और उसने सुल्तान को गहने भेंट कर दिए
He was thunderstruck by the beauty of the jewels
वह रत्नों की सुन्दरता देखकर दंग रह गया।
and he turned to the Vizier and asked, "What sayest thou?"
और वह वज़ीर की ओर मुड़ा और पूछा, "आप क्या कहते हैं?"
"Ought I not to bestow the Princess on one who values her at such a price?"
"क्या मुझे राजकुमारी को ऐसे व्यक्ति को नहीं देना चाहिए जो उसका इतना मूल्य समझता है?"
The Vizier wanted her for his own son
वज़ीर उसे अपने बेटे के लिए चाहता था
so he begged the Sultan to withhold her for three months
इसलिए उसने सुल्तान से तीन महीने तक उसे रोके रखने की विनती की

perhaps within the time his son would contrive to make a richer present
शायद इस समय के भीतर उसका बेटा एक अधिक कीमती उपहार बनाने का प्रबंध कर लेगा
The Sultan granted the wish of his Vizier
सुल्तान ने अपने वज़ीर की इच्छा पूरी की
and he told Aladdin's mother that he consented to the marriage
और उसने अलादीन की माँ से कहा कि वह शादी के लिए सहमत है
but she was not allowed appear before him again for three months
लेकिन उसे तीन महीने तक फिर से उसके सामने पेश होने की अनुमति नहीं दी गई
Aladdin waited patiently for nearly three months
अलादीन ने लगभग तीन महीने तक धैर्यपूर्वक प्रतीक्षा की

after two months had elapsed his mother went to go to the market
दो महीने बीत जाने के बाद उसकी माँ बाजार गयी
she was going into the city to buy oil
वह तेल खरीदने के लिए शहर जा रही थी
when she got to the market she found every one rejoicing
जब वह बाजार पहुंची तो उसने देखा कि हर कोई खुशियां मना रहा है
so she asked what was going on
तो उसने पूछा क्या हो रहा है
"Do you not know?" was the answer
जवाब मिला, "क्या आप नहीं जानते?"
"the son of the Grand Vizier is to marry the Sultan's daughter tonight"
"आज रात ग्रैंड वज़ीर के बेटे की शादी सुल्तान की बेटी से होने वाली है"
Breathless, she ran and told Aladdin
हांफते हुए वह दौड़ी और अलादीन को बताया
at first Aladdin was overwhelmed
पहले तो अलादीन बहुत परेशान हुआ
but then he thought of the magic lamp and rubbed it
लेकिन फिर उसे जादुई चिराग का ख्याल आया और उसने उसे रगड़ दिया
once again the genie appeared out of the lamp
एक बार फिर दीपक से जिन्न निकला
"What is thy will?" asked the genie
जिन्न ने पूछा, "तुम्हारी इच्छा क्या है?"
"The Sultan, as thou knowest, has broken his promise to me"
"जैसा कि तुम जानते हो, सुल्तान ने मुझसे किया अपना वादा तोड़ दिया है।"
"the Vizier's son is to have the Princess"

"वजीर के बेटे को राजकुमारी मिलेगी"
"My command is that tonight you bring the bride and bridegroom"
"मेरा आदेश है कि आज रात तुम दूल्हा-दुल्हन को लेकर आओ"
"Master, I obey," said the genie
जिन्न ने कहा, "मालिक, मैं आपकी आज्ञा का पालन करता हूँ।"
Aladdin then went to his chamber
फिर अलादीन अपने कक्ष में चला गया
sure enough, at midnight the genie transported a bed
यकीनन, आधी रात को जिन्न ने एक बिस्तर ले जाया
and the bed contained the Vizier's son and the Princess
और बिस्तर पर वज़ीर का बेटा और राजकुमारी थे
"Take this new-married man, genie," he said
"इस नवविवाहित आदमी को ले लो, जिन्न," उसने कहा
"put him outside in the cold for the night"
"उसे रात भर ठंड में बाहर रखो"
"then return the couple again at daybreak"
"फिर भोर होने पर युगल पुनः लौट आएंगे"
So the genie took the Vizier's son out of bed
तो जिन्न ने वज़ीर के बेटे को बिस्तर से उठा लिया
and he left Aladdin with the Princess
और उसने अलादीन को राजकुमारी के पास छोड़ दिया
"Fear nothing," Aladdin said to her, "you are my wife"
अलादीन ने उससे कहा, "डरो मत, तुम मेरी पत्नी हो।"
"you were promised to me by your unjust father"
"तुम्हारे अन्यायी पिता ने मुझसे तुम्हारा वादा किया था"
"and no harm shall come to you"
"और तुम्हें कोई हानि नहीं पहुंचेगी"
The Princess was too frightened to speak

राजकुमारी इतनी डरी हुई थी कि बोल नहीं पा रही थी
and she passed the most miserable night of her life
और उसने अपने जीवन की सबसे दुखद रात बिताई
although Aladdin lay down beside her and slept soundly
हालाँकि अलादीन उसके बगल में लेट गया और गहरी नींद में सो गया
At the appointed hour the genie fetched in the shivering bridegroom
नियत समय पर जिन्न कांपते हुए दूल्हे को अंदर ले आया
he laid him in his place
उसने उसे उसके स्थान पर लिटा दिया
and he transported the bed back to the palace
और वह बिस्तर को वापस महल में ले गया
Presently the Sultan came to wish his daughter good-morning
कुछ देर बाद सुल्तान अपनी बेटी को गुड मॉर्निंग कहने आया।
The unhappy Vizier's son jumped up and hid himself
दुखी वज़ीर का बेटा उछलकर छिप गया
and the Princess would not say a word
और राजकुमारी एक शब्द भी नहीं बोली
and she was very sorrowful
और वह बहुत दुखी थी
The Sultan sent her mother to her
सुल्तान ने उसकी माँ को उसके पास भेजा।
"Why will you not speak to your father, child?"
"बेटा, तुम अपने पिता से बात क्यों नहीं करते?"
"What has happened?" she asked
"क्या हुआ?" उसने पूछा
The Princess sighed deeply
राजकुमारी ने गहरी साँस ली
and at last she told her mother what had happened

और अंत में उसने अपनी माँ को बताया कि क्या हुआ था
she told her how the bed had been carried into some strange house
उसने उसे बताया कि कैसे बिस्तर को किसी अजीब घर में ले जाया गया था
and she told of what had happened in the house
और उसने बताया कि घर में क्या हुआ था
Her mother did not believe her in the least
उसकी माँ को उस पर ज़रा भी विश्वास नहीं था
and she bade her to consider it an idle dream
और उसने उसे इसे एक बेकार सपना मानने के लिए कहा
The following night exactly the same thing happened
अगली रात ठीक यही बात घटित हुई
and the next morning the princess wouldn't speak either
और अगली सुबह राजकुमारी भी नहीं बोली
on the Princess's refusal to speak, the Sultan threatened to cut off her head
राजकुमारी के बोलने से इनकार करने पर सुल्तान ने उसका सिर काटने की धमकी दी
She then confessed all that had happened
फिर उसने सारी बात कबूल कर ली
and she bid him to ask the Vizier's son
और उसने उसे वज़ीर के बेटे से पूछने को कहा
The Sultan told the Vizier to ask his son
सुल्तान ने वजीर से कहा कि वह अपने बेटे से पूछे
and the Vizier's son told the truth
और वज़ीर के बेटे ने सच बोल दिया
he added that he dearly loved the Princess
उन्होंने कहा कि वह राजकुमारी से बहुत प्यार करते थे
"but I would rather die than go through another such fearful night"

"लेकिन मैं एक और ऐसी भयावह रात से गुजरने के बजाय मरना पसंद करूंगा"

and he wished to be separated from her, which was granted

और वह उससे अलग होना चाहता था, जो उसे मंजूर था

and then there was an end to the feasting and rejoicing

और फिर दावत और खुशियाँ ख़त्म हो गईं

then the three months were over

फिर तीन महीने पूरे हो गए

Aladdin sent his mother to remind the Sultan of his promise

अलादीन ने अपनी माँ को सुल्तान को उसका वादा याद दिलाने के लिए भेजा

She stood in the same place as before

वह पहले की तरह उसी स्थान पर खड़ी थी

the Sultan had forgotten Aladdin

सुल्तान अलादीन को भूल गया था

but at once he remembered him again

लेकिन तुरंत ही उसे फिर से उसकी याद आ गई

and he asked for her to come to him

और उसने उसे अपने पास आने के लिए कहा

On seeing her poverty the Sultan felt less inclined than ever to keep his word

उसकी गरीबी देखकर सुल्तान को अपना वचन निभाने में पहले से भी अधिक अनिच्छा महसूस हुई।

and he asked his Vizier's advice

और उसने अपने वज़ीर से सलाह मांगी

he counselled him to set a high value on the Princess

उन्होंने उसे राजकुमारी को उच्च मूल्य देने की सलाह दी

a price so high that no man alive could come afford her

इतनी ऊँची कीमत कि कोई भी जीवित व्यक्ति उसे वहन नहीं कर सकता

The Sultan then turned to Aladdin's mother, saying:

फिर सुल्तान ने अलादीन की माँ की ओर मुड़कर कहा:
"Good woman, a Sultan must remember his promises"
"अच्छी महिला, एक सुल्तान को अपने वादे याद रखने चाहिए"
"and I will remember my promise"
"और मैं अपना वादा याद रखूंगा"
"but your son must first send me forty basins of gold"
"परन्तु पहले तुम्हारे पुत्र को मेरे पास चालीस कटोरी सोना भेजना होगा"
"and the gold basins must be full of jewels"
"और सोने के कटोरे जवाहरात से भरे होंगे"
"and they must be carried by forty black camels"
"और उन्हें चालीस काले ऊँटों द्वारा ले जाया जाएगा"
"and in front of each black camel there is to be a white camel"
"और प्रत्येक काले ऊँट के सामने एक सफ़ेद ऊँट खड़ा होगा"
"and all the camels are to be splendidly dressed"
"और सभी ऊँटों को शानदार कपड़े पहनाए जाएँ"
"Tell him that I await his answer"
"उसे बताओ कि मैं उसके उत्तर का इंतजार कर रहा हूँ"
The mother of Aladdin bowed low
अलादीन की माँ ने सिर झुकाया
and then she went home
और फिर वह घर चली गई
although she thought all was lost
हालाँकि उसे लगा कि सब कुछ खो गया
She gave Aladdin the message
उसने अलादीन को संदेश दिया
and she added, "He may wait long enough for your answer!"
और उसने आगे कहा, "हो सकता है कि वह आपके उत्तर के लिए काफी देर तक प्रतीक्षा करे!"
"Not so long as you think, mother," her son replied

"जब तक आप सोचती हैं, तब तक नहीं, माँ," उसके बेटे ने उत्तर दिया

"I would do a great deal more than that for the Princess"

"मैं राजकुमारी के लिए इससे भी अधिक कुछ करूंगा"

and he summoned the genie again

और उसने फिर से जिन्न को बुलाया

and in a few moments the eighty camels arrived

और कुछ ही देर में अस्सी ऊँट आ गए

and they took up all space in the small house and garden

और उन्होंने छोटे से घर और बगीचे में सारी जगह घेर ली

Aladdin made the camels set out to the palace

अलादीन ने ऊँटों को महल की ओर रवाना किया

and the camels were followed by his mother

और ऊँटों के पीछे उसकी माँ चल रही थी

The camels were very richly dressed

ऊँटों को बहुत ही भव्य कपड़े पहनाए गए थे

and splendid jewels were on the girdles of the camels

और ऊँटों की कमरबंदों पर शानदार गहने थे

and everyone crowded around to see the camels

और हर कोई ऊंटों को देखने के लिए इकट्ठा हो गया

and they saw the basins of gold the camels carried on their backs

और उन्होंने ऊँटों की पीठ पर लादे सोने के कटोरे देखे

They entered the palace of the Sultan

वे सुल्तान के महल में प्रवेश कर गए

and the camels kneeled before him in a semi circle

और ऊँट उसके सामने अर्धवृत्ताकार में घुटने टेक दिए

and Aladdin's mother presented the camels to the Sultan

और अलादीन की माँ ने ऊँटों को सुल्तान को भेंट कर दिया

He hesitated no longer, but said:

उन्होंने अब और संकोच नहीं किया, बल्कि कहा:

"Good woman, return to your son"
"अच्छी महिला, अपने बेटे के पास लौट जाओ"

"tell him that I wait for him with open arms"
"उसे बताओ कि मैं खुली बाहों से उसका इंतज़ार कर रहा हूँ"

She lost no time in telling Aladdin
उसने अलादीन को यह बताने में कोई समय नहीं गंवाया

and she bid him to make haste
और उसने उसे जल्दी करने को कहा

But Aladdin first called for the genie
लेकिन अलादीन ने पहले जिन्न को बुलाया

"I want a scented bath," he said
"मैं सुगंधित स्नान चाहता हूं," उसने कहा

"and I want a horse more beautiful than the Sultan's"
"और मुझे सुल्तान के घोड़े से भी अधिक सुन्दर घोड़ा चाहिए"

"and I want twenty servants to attend to me"
"और मैं चाहता हूँ कि मेरी सेवा के लिए बीस नौकर हों"

"and I also want six beautifully dressed servants to wait on my mother"
"और मैं अपनी माँ की सेवा के लिए छह सुन्दर वेशभूषा वाले नौकर भी चाहता हूँ"

"and lastly, I want ten thousand pieces of gold in ten purses"
"और अंत में, मुझे दस पर्स में दस हजार सोने के सिक्के चाहिए"

No sooner had he said what he wanted and it was done
जैसे ही उसने कहा कि वह क्या चाहता है, वह हो गया

Aladdin mounted his beautiful horse
अलादीन अपने सुन्दर घोड़े पर सवार हुआ

and he passed through the streets
और वह सड़कों से गुजरा

the servants cast gold into the crowd as they went
सेवकों ने जाते समय भीड़ पर सोना फेंका

Those who had played with him in his childhood knew him not

जो लोग बचपन में उसके साथ खेले थे, वे उसे नहीं जानते थे।

he had grown very handsome

वह बहुत सुन्दर हो गया था

When the Sultan saw him he came down from his throne

जब सुल्तान ने उसे देखा तो वह अपने सिंहासन से नीचे उतर आया

he embraced his new son-in-law with open arms

उसने अपने नए दामाद को खुले हाथों से गले लगाया

and he led him into a hall where a feast was spread

और वह उसे एक हॉल में ले गया जहाँ एक दावत रखी गई थी

he intended to marry him to the Princess that very day

वह उसी दिन राजकुमारी से उसका विवाह कराने का इरादा रखता था

But Aladdin refused to marry straight away

लेकिन अलादीन ने सीधे शादी करने से इनकार कर दिया

"first I must build a palace fit for the princess"

"सबसे पहले मुझे राजकुमारी के लिए एक महल बनाना होगा"

and then he took his leave

और फिर वह चला गया

Once home, he said to the genie:

घर पहुँचकर उसने जिन्न से कहा:

"Build me a palace of the finest marble"

"मेरे लिए बेहतरीन संगमरमर का एक महल बनाओ"

"set the palace with jasper, agate, and other precious stones"

"महल को जैस्पर, एगेट और अन्य कीमती पत्थरों से जड़ा"

"In the middle of the palace you shall build me a large hall with a dome"

"महल के बीच में तुम मेरे लिए एक बड़ा गुम्बद वाला हॉल बनवाओगे"

"the four walls of the hall will be of masses of gold and silver"

"हॉल की चारों दीवारें सोने और चांदी से बनी होंगी"

"and each wall will have six windows"

"और प्रत्येक दीवार में छह खिड़कियाँ होंगी"

"and the lattices of the windows will be set with precious jewels"

"और खिड़कियों की जालियाँ बहुमूल्य रत्नों से जड़ी जाएंगी"

"but there must be one window that is not decorated"

"लेकिन एक खिड़की ऐसी होनी चाहिए जो सजी हुई न हो"

"go see that it gets done!"

"जाओ और देखो कि यह काम पूरा हो जाता है!"

The palace was finished by the next day

अगले दिन तक महल बनकर तैयार हो गया

the genie carried him to the new palace

जिन्न उसे नए महल में ले गया

and he showed him how all his orders had been faithfully carried out

और उसने उसे दिखाया कि कैसे उसके सभी आदेशों का ईमानदारी से पालन किया गया था

even a velvet carpet had been laid from Aladdin's palace to the Sultan's

यहां तक कि अलादीन के महल से सुल्तान के महल तक मखमली कालीन बिछा दिया गया था

Aladdin's mother then dressed herself carefully

अलादीन की माँ ने फिर सावधानी से अपने कपड़े पहने

and she walked to the palace with her servants

और वह अपने सेवकों के साथ महल की ओर चल पड़ी

and Aladdin followed her on horseback

और अलादीन घोड़े पर सवार होकर उसके पीछे चला गया

The Sultan sent musicians with trumpets and cymbals to meet them
सुल्तान ने उनसे मिलने के लिए तुरही और झांझ के साथ संगीतकारों को भेजा

so the air resounded with music and cheers
तो हवा संगीत और जयकारों से गूंज उठी

She was taken to the Princess, who saluted her
उसे राजकुमारी के पास ले जाया गया, जिसने उसे सलाम किया

and she treated her with great honour
और उसने उसके साथ बहुत सम्मान से व्यवहार किया

At night the Princess said good-bye to her father
रात को राजकुमारी ने अपने पिता को अलविदा कहा

and she set out on the carpet for Aladdin's palace
और वह अलादीन के महल के लिए कालीन पर निकल पड़ी

his mother was at her side
उसकी माँ उसके पास थी

and they were followed by their entourage of servants
और उनके पीछे उनके सेवकों का दल भी था

She was charmed at the sight of Aladdin
अलादीन को देखकर वह मंत्रमुग्ध हो गई

and Aladdin ran to receive her into the palace
और अलादीन उसे महल में लेने के लिए दौड़ा

"Princess," he said, "blame your beauty for my boldness"
"राजकुमारी," उसने कहा, "मेरी निर्भीकता के लिए अपनी सुंदरता को दोष दो"

"I hope I have not displeased you"
"मुझे आशा है कि मैंने आपको नाराज़ नहीं किया होगा"

she said she willingly obeyed her father in this matter
उसने कहा कि इस मामले में उसने स्वेच्छा से अपने पिता की

बात मानी

because she had seen that he is handsome

क्योंकि उसने देखा था कि वह सुन्दर है

After the wedding had taken place Aladdin led her into the hall

शादी हो जाने के बाद अलादीन उसे हॉल में ले गया

a great feast was spread out in the hall

हॉल में एक बड़ी दावत रखी गई थी

and she supped with him

और उसने उसके साथ खाना खाया

after eating they danced till midnight

खाने के बाद वे आधी रात तक नाचते रहे

The next day Aladdin invited the Sultan to see the palace

अगले दिन अलादीन ने सुल्तान को महल देखने के लिए आमंत्रित किया

they entered the hall with the four-and-twenty windows

वे चौबीस खिड़कियों वाले हॉल में दाखिल हुए

the windows were decorated with rubies, diamonds, and emeralds

खिड़कियाँ माणिक, हीरे और पन्ने से सजी हुई थीं

he cried, "The palace is one of the wonders of the world!"

वह चिल्लाया, "यह महल दुनिया के आश्चर्यों में से एक है!"

"There is only one thing that surprises me"

"केवल एक ही बात है जो मुझे आश्चर्यचकित करती है"

"Was it by accident that one window was left unfinished?"

"क्या यह संयोगवश हुआ कि एक खिड़की अधूरी रह गयी?"

"No, sir, it was done so by design," replied Aladdin

"नहीं, सर, यह तो जानबूझकर किया गया था," अलादीन ने उत्तर दिया।

"I wished your Majesty to have the glory of finishing this palace"

"मैं चाहता हूँ कि महाराज को इस महल को पूरा करने का गौरव प्राप्त हो"
The Sultan was pleased to be given this honour
सुल्तान को यह सम्मान पाकर प्रसन्नता हुई
and he sent for the best jewellers in the city
और उसने शहर के सबसे अच्छे जौहरियों को बुलाया
He showed them the unfinished window
उसने उन्हें अधूरी खिड़की दिखाई
and he bade them to decorate the window like the others
और उसने उन्हें खिड़की को दूसरों की तरह सजाने के लिए कहा
"Sir," replied their spokesman
"सर," उनके प्रवक्ता ने उत्तर दिया
"we cannot find enough jewels"
"हमें पर्याप्त गहने नहीं मिल पा रहे हैं"
so the Sultan had his own jewels fetched
इसलिए सुल्तान ने अपने गहने मंगवाए
but those jewels were soon used up too
लेकिन वे गहने भी जल्द ही ख़त्म हो गए
even after a month's time the work was not half done
एक महीने का समय बीत जाने के बाद भी काम आधा भी नहीं हुआ
Aladdin knew that their task was impossible
अलादीन जानता था कि उनका काम असंभव था
he bade them to undo their work
उसने उन्हें अपना काम रद्द करने को कहा
and he bade them to carry the jewels back
और उसने उन्हें गहने वापस ले जाने का आदेश दिया
the genie finished the window at his command
जिन्न ने उसके आदेश पर खिड़की ख़त्म कर दी
The Sultan was surprised to receive his jewels again

सुल्तान को अपने गहने पुनः प्राप्त कर आश्चर्य हुआ।

he visited Aladdin, who showed him the finished window

वह अलादीन के पास गया, जिसने उसे तैयार खिड़की दिखाई

and the Sultan embraced his son in law

और सुल्तान ने अपने दामाद को गले लगा लिया

meanwhile, the envious Vizier suspected the work of enchantment

इस बीच, ईर्ष्यालु वज़ीर को जादू के काम पर संदेह हुआ

Aladdin had won the hearts of the people by his gentle manner

अलादीन ने अपने सौम्य व्यवहार से लोगों का दिल जीत लिया था

He was made captain of the Sultan's armies

उन्हें सुल्तान की सेनाओं का कप्तान बनाया गया

and he won several battles for his army

और उन्होंने अपनी सेना के लिए कई लड़ाइयां जीतीं

but he remained as modest and courteous as before

लेकिन वह पहले की तरह ही विनम्र और विनम्र बने रहे

in this way he lived in peace and content for several years

इस तरह वह कई वर्षों तक शांति और संतुष्टि से रहा

But far away in Africa the magician remembered Aladdin

लेकिन दूर अफ्रीका में जादूगर को अलादीन की याद आ गई

and by his magic arts he discovered Aladdin hadn't perished in the cave

और अपनी जादुई कला से उसने पता लगा लिया कि अलादीन गुफा में नहीं मरा था

but instead of perishing, he had escaped and married the princess

लेकिन मरने की बजाय, वह भाग निकला और राजकुमारी से विवाह कर लिया

and now he was living in great honour and wealth

और अब वह बहुत सम्मान और धन में रह रहा था

He knew that the poor tailor's son could only have accomplished this by means of the magic lamp

वह जानता था कि गरीब दर्जी का बेटा यह काम केवल जादुई चिराग के माध्यम से ही कर सकता था।

and he travelled night and day until he reached the city

और वह रात-दिन यात्रा करता रहा जब तक कि वह शहर नहीं पहुंच गया

he was bent on making sure of Aladdin's ruin

वह अलादीन की बर्बादी सुनिश्चित करने पर तुला हुआ था

As he passed through the town he heard people talking

जब वह शहर से गुजर रहा था तो उसने लोगों को बातें करते सुना

all they could talk about was the marvellous palace

वे केवल उस अद्भुत महल के बारे में ही बात कर सकते थे

"Forgive my ignorance," he asked

"मेरी अज्ञानता को क्षमा करें," उन्होंने पूछा

"what is this palace you speak of?"

"आप किस महल की बात कर रहे हैं?"

"Have you not heard of Prince Aladdin's palace?" was the reply

"क्या आपने राजकुमार अलादीन के महल के बारे में नहीं सुना है?" जवाब मिला

"the palace is one of the greatest wonders of the world"

"यह महल दुनिया के महानतम आश्चर्यों में से एक है"

"I will direct you to the palace, if you would like to see it"

"यदि आप महल देखना चाहें तो मैं आपको वहां ले जाऊंगा"

The magician thanked him for bringing him to the palace

जादूगर ने उसे महल में लाने के लिए धन्यवाद दिया

and having seen the palace, he knew that it had been built by the Genie of the Lamp

और महल को देखकर उसे पता चला कि इसे दीपक के जिन्न ने बनवाया था

this made him half mad with rage
इससे वह क्रोध से आधा पागल हो गया

He was determined to get hold of the magic lamp
वह जादुई चिराग पाने के लिए कृतसंकल्प था

and he was going to plunge Aladdin into the deepest poverty again
और वह अलादीन को फिर से घोर गरीबी में डुबाने जा रहा था

Unluckily, Aladdin had gone on a hunting trip for eight days
दुर्भाग्यवश, अलादीन आठ दिनों के लिए शिकार यात्रा पर गया था।

this gave the magician plenty of time
इससे जादूगर को काफी समय मिल गया

He bought a dozen copper lamps
उसने एक दर्जन तांबे के लैंप खरीदे

and he put the copper lamps into a basket
और उसने तांबे के दीपक एक टोकरी में रख दिए

and then he went to the palace
और फिर वह महल में चला गया

"New lamps for old lamps!" he exclaimed
"पुराने लैंप के बदले नए लैंप!" उन्होंने कहा

and he was followed by a jeering crowd
और उसका पीछा एक उपहास करने वाली भीड़ ने किया

The Princess was sitting in the hall of four-and-twenty windows
राजकुमारी चौबीस खिड़कियों वाले हॉल में बैठी थी

she sent a servant to find out what the noise was about
उसने एक नौकर को यह पता लगाने के लिए भेजा कि शोर किस बात पर हो रहा है

the servant came back laughing so much that the Princess scolded her
नौकर इतना हँसता हुआ वापस आया कि राजकुमारी ने उसे डाँटा

"Madam," replied the servant
"मैडम," नौकर ने जवाब दिया

"who can help but laughing when you see such a thing?"
"ऐसी चीज़ देखकर कौन हँसे बिना रह सकता है?"

"an old fool is offering to exchange fine new lamps for old lamps"
"एक बूढ़ा मूर्ख पुराने लैंप के बदले अच्छे नए लैंप देने की पेशकश कर रहा है"

Another servant, hearing this, spoke up
यह सुनकर दूसरा नौकर बोला

"There is an old lamp on the cornice which he can have"
"कॉर्निस पर एक पुराना लैंप है जिसे वह ले सकता है"

this, of course, was the magic lamp
यह, निःसंदेह, जादुई चिराग था

Aladdin had left the magic lamp there, as he could not take it with him
अलादीन ने जादुई चिराग वहीं छोड़ दिया था, क्योंकि वह उसे अपने साथ नहीं ले जा सकता था।

The Princess didn't know know the lamp's value
राजकुमारी को दीपक का मूल्य नहीं पता था

laughingly, she bade the servant to exchange the magic lamp
हँसते हुए उसने नौकर से जादुई चिराग बदलने को कहा

the servant took the lamp to the magician
नौकर दीपक जादूगर के पास ले गया

"Give me a new lamp for this lamp," she said
"मुझे इस दीपक के बदले एक नया दीपक दे दो," उसने कहा

He snatched the lamp and bade the servant to pick another

lamp
उसने दीपक छीन लिया और नौकर को दूसरा दीपक लाने को कहा।

and the entire crowd jeered at the sight
और पूरी भीड़ ने यह दृश्य देखकर उपहास किया

but the magician cared little for the crowd
लेकिन जादूगर को भीड़ की कोई परवाह नहीं थी

he left the crowd with the magic lamp he had set out to get
वह भीड़ से वह जादुई चिराग लेकर चला गया जिसे पाने के लिए वह निकला था

and he went out of the city gates to a lonely place
और वह शहर के फाटकों से बाहर एक सुनसान जगह पर चला गया

there he remained till nightfall
वह रात होने तक वहीं रहा

and at nightfall he pulled out the magic lamp and rubbed it
और रात होने पर उसने जादुई चिराग निकाला और उसे रगड़ा

The genie appeared to the magician
जादूगर के सामने जिन्न प्रकट हुआ

and the magician made his command to the genie
और जादूगर ने जिन्न को अपना आदेश दिया

"carry me, the princess, and the palace to a lonely place in Africa"
"मुझे, राजकुमारी और महल को अफ्रीका के एक सुनसान स्थान पर ले चलो"

Next morning the Sultan looked out of the window toward Aladdin's palace
अगली सुबह सुल्तान ने खिड़की से बाहर अलादीन के महल की ओर देखा।

and he rubbed his eyes when he saw the palace was gone
और जब उसने देखा कि महल गायब हो गया है तो उसने

अपनी आँखें रगड़ लीं

He sent for the Vizier and asked what had become of the palace

उसने वजीर को बुलाया और पूछा कि महल का क्या हुआ?

The Vizier looked out too, and was lost in astonishment

वज़ीर ने भी बाहर देखा, और आश्चर्य में खो गया

He again put the events down to enchantment

उन्होंने फिर से इन घटनाओं को जादू-टोने के कारण बताया

and this time the Sultan believed him

और इस बार सुल्तान ने उस पर विश्वास कर लिया

he sent thirty men on horseback to fetch Aladdin in chains

उसने जंजीरों में जकड़े अलादीन को लाने के लिए तीस आदमी घोड़ों पर भेजे

They met him riding home

वे उससे घर लौटते समय मिले

they bound him and forced him to go with them on foot

उन्होंने उसे बांध दिया और पैदल ही अपने साथ चलने को मजबूर किया

The people, however, who loved him, followed them to the palace

हालाँकि, जो लोग उनसे प्यार करते थे, वे उनके पीछे महल तक गए

they would make sure that he came to no harm

वे यह सुनिश्चित करेंगे कि उसे कोई नुकसान न पहुंचे

He was carried before the Sultan

उसे सुल्तान के सामने ले जाया गया

and the Sultan ordered the executioner to cut off his head

और सुल्तान ने जल्लाद को उसका सिर काटने का आदेश दिया

The executioner made Aladdin kneel down before a block of wood

जल्लाद ने अलादीन को लकड़ी के एक टुकड़े के सामने घुटने टेकने को कहा

he bandaged his eyes so that he could not see

उसने अपनी आँखों पर पट्टी बाँध ली ताकि वह देख न सके

and he raised his scimitar to strike

और उसने वार करने के लिए अपनी कटार उठाई

At that instant the Vizier saw the crowd had forced their way into the courtyard

उसी समय वज़ीर ने देखा कि भीड़ जबरन प्रांगण में घुस आई है

they were scaling the walls to rescue Aladdin

वे अलादीन को बचाने के लिए दीवारें फांद रहे थे

so he called to the executioner to halt

इसलिए उसने जल्लाद को रुकने के लिए कहा

The people, indeed, looked so threatening that the Sultan gave way

लोग वास्तव में इतने खतरनाक लग रहे थे कि सुल्तान को रास्ता देना पड़ा

and he ordered Aladdin to be unbound

और उसने अलादीन को खोलने का आदेश दिया

he pardoned him in the sight of the crowd

उसने भीड़ के सामने उसे माफ़ कर दिया

Aladdin now begged to know what he had done

अलादीन अब यह जानना चाहता था कि उसने क्या किया है

"False wretch!" said the Sultan, "come thither"

"झूठे दुष्ट!" सुल्तान ने कहा, "वहाँ आओ"

he showed him from the window the place where his palace had stood

उसने उसे खिड़की से वह स्थान दिखाया जहाँ उसका महल खड़ा था

Aladdin was so amazed that he could not say a word

अलादीन इतना हैरान हुआ कि वह एक शब्द भी नहीं बोल सका।

"Where are my palace and my daughter?" demanded the Sultan

सुल्तान ने पूछा, "मेरा महल और मेरी बेटी कहां हैं?"

"For the palace I am not so deeply concerned"

"महल के लिए मैं इतना चिंतित नहीं हूँ"

"but my daughter I must have"

"लेकिन मेरी बेटी तो मुझे चाहिए ही"

"and you must find her, or lose your head"

"और तुम्हें उसे ढूंढना होगा, या अपना सिर खोना होगा"

Aladdin begged to be granted forty days in which to find her

अलादीन ने उसे खोजने के लिए चालीस दिन का समय मांगा

he promised that if he failed he would return

उन्होंने वादा किया कि अगर वह असफल रहे तो वापस लौट आएंगे

and on his return he would suffer death at the Sultan's pleasure

और वापस लौटने पर उसे सुल्तान की इच्छानुसार मृत्युदंड दिया जाएगा

His prayer was granted by the Sultan

सुल्तान ने उनकी प्रार्थना स्वीकार कर ली

and he went forth sadly from the Sultan's presence

और वह उदास होकर सुल्तान के सामने से चला गया

For three days he wandered about like a madman

तीन दिन तक वह पागलों की तरह भटकता रहा

he asked everyone what had become of his palace

उसने सभी से पूछा कि उसके महल का क्या हुआ

but they only laughed and pitied him

लेकिन वे केवल हँसे और उस पर दया की

He came to the banks of a river
वह एक नदी के किनारे आया
he knelt down to say his prayers before throwing himself in
वह खुद को इसमें फेंकने से पहले प्रार्थना करने के लिए घुटनों के बल बैठ गया
In so doing he rubbed the magic ring he still wore
ऐसा करते हुए उसने अपनी जादुई अंगूठी को रगड़ा जो उसने अभी भी पहनी हुई थी
The genie he had seen in the cave appeared
गुफा में जो जिन्न उसने देखा था वह प्रकट हो गया
and he asked him what his will was
और उसने उससे पूछा कि उसकी इच्छा क्या है
"Save my life, genie," said Aladdin
"मेरी जान बचाओ, जिन्न," अलादीन ने कहा
"bring my palace back"
"मेरा महल वापस लाओ"
"That is not in my power," said the genie
जिन्न ने कहा, "यह मेरे बस में नहीं है।"
"I am only the Slave of the Ring"
"मैं केवल अंगूठी का गुलाम हूँ"
"you must ask him for the magic lamp"
"तुम्हें उससे जादुई चिराग मांगना होगा"
"that might be true," said Aladdin
"यह सच हो सकता है," अलादीन ने कहा
"but thou canst take me to the palace"
"लेकिन आप मुझे महल तक ले जा सकते हैं"
"set me down under my dear wife's window"
"मुझे मेरी प्यारी पत्नी की खिड़की के नीचे बिठा दो"
He at once found himself in Africa
उसने तुरन्त स्वयं को अफ्रीका में पाया
he was under the window of the Princess

वह राजकुमारी की खिड़की के नीचे था
and he fell asleep out of sheer weariness
और वह थकान के कारण सो गया
He was awakened by the singing of the birds
पक्षियों के चहचहाने से वह जाग गया
and his heart was lighter than it was before
और उसका दिल पहले से ज़्यादा हल्का हो गया
He saw that all his misfortunes were due to the loss of the magic lamp
उसने देखा कि उसके सारे दुर्भाग्य जादुई चिराग के खो जाने के कारण थे।
and he vainly wondered who had robbed him of his magic lamp
और वह व्यर्थ ही सोच रहा था कि उसका जादुई चिराग किसने छीन लिया
That morning the Princess rose earlier than she normally
उस सुबह राजकुमारी सामान्य से पहले उठ गई
once a day she was forced to endure the magicians company
एक दिन उसे जादूगर की संगति सहन करने के लिए मजबूर होना पड़ा
She, however, treated him very harshly
हालाँकि, उसने उसके साथ बहुत कठोरता से व्यवहार किया
so he dared not live with her in the palace
इसलिए उसने महल में उसके साथ रहने की हिम्मत नहीं की
As she was dressing, one of her women looked out and saw Aladdin
जब वह कपड़े पहन रही थी, तो उसकी एक महिला ने बाहर देखा और अलादीन को देखा
The Princess ran and opened the window
राजकुमारी दौड़ी और खिड़की खोली
at the noise she made Aladdin looked up

उसने जो शोर मचाया उसे सुनकर अलादीन ने ऊपर देखा
She called to him to come to her
उसने उसे अपने पास आने के लिए बुलाया
it was a great joy for the lovers to see each other again
प्रेमियों के लिए एक दूसरे को फिर से देखना बहुत खुशी की बात थी
After he had kissed her Aladdin said:
उसे चूमने के बाद अलादीन ने कहा:
"I beg of you, Princess, in God's name"
"मैं आपसे भगवान के नाम पर विनती करता हूँ, राजकुमारी"
"before we speak of anything else"
"इससे पहले कि हम कुछ और बोलें"
"for your own sake and mine"
"अपने और मेरे हित के लिए"
"tell me what has become of the old lamp"
"मुझे बताओ पुराने लैंप का क्या हुआ"
"I left the lamp on the cornice in the hall of four-and-twenty windows"
"मैंने चौबीस खिड़कियों वाले हॉल में कंगनी पर लैंप छोड़ दिया"
"Alas!" she said, "I am the innocent cause of our sorrows"
"हाय!" उसने कहा, "मैं ही हमारे दुखों का निर्दोष कारण हूँ"
and she told him of the exchange of the magic lamp
और उसने उसे जादुई चिराग के आदान-प्रदान के बारे में बताया
"Now I know," cried Aladdin
"अब मुझे पता चला," अलादीन चिल्लाया
"we have to thank the magician for this!"
"हमें इसके लिए जादूगर को धन्यवाद देना चाहिए!"
"Where is the magic lamp?"
"जादुई चिराग कहाँ है?"

"He carries the lamp about with him," said the Princess
राजकुमारी ने कहा, "वह अपने साथ दीपक लेकर घूमता है।"
"I know he carries the lamp with him"
"मुझे पता है कि वह अपने साथ दीपक लेकर चलता है"
"because he pulled the lamp out of his breast pocket to show me"
"क्योंकि उसने मुझे दिखाने के लिए अपनी जेब से लैंप निकाला था"
"and he wishes me to break my faith with you and marry him"
"और वह चाहता है कि मैं तुम्हारे साथ अपना विश्वास तोड़ दूं और उससे शादी कर लूं"
"and he said you were beheaded by my father's command"
"और उसने कहा कि तुम्हारा सिर मेरे पिता के आदेश से काटा गया था"
"He is always speaking ill of you"
"वह हमेशा तुम्हारे बारे में बुरा बोलता है"
"but I only reply with my tears"
"लेकिन मैं केवल अपने आँसुओं से जवाब देता हूँ"
"If I can persist, I doubt not"
"अगर मैं दृढ़ रह सकता हूं, तो मुझे कोई संदेह नहीं है"
"but he will use violence"
"लेकिन वह हिंसा का प्रयोग करेगा"
Aladdin comforted his wife
अलादीन ने अपनी पत्नी को सांत्वना दी
and he left her for a while
और वह उसे कुछ समय के लिए छोड़ कर चला गया
He changed clothes with the first person he met in town
शहर में मिले पहले व्यक्ति के साथ उसने कपड़े बदल लिए
and having bought a certain powder, he returned to the Princess

और एक खास पाउडर खरीदकर वह राजकुमारी के पास लौट आया

the Princess let him in by a little side door

राजकुमारी ने उसे एक छोटे से दरवाजे से अंदर आने दिया

"Put on your most beautiful dress," he said to her

"अपनी सबसे सुंदर पोशाक पहन लो," उसने उससे कहा

"receive the magician with smiles today"

"आज जादूगर का मुस्कुराहट के साथ स्वागत करें"

"lead him to believe that you have forgotten me"

"उसे विश्वास दिलाओ कि तुम मुझे भूल गए हो"

"Invite him to sup with you"

"उसे अपने साथ भोजन करने के लिए आमंत्रित करें"

"and tell him you wish to taste the wine of his country"

"और उससे कहो कि तुम उसके देश की शराब चखना चाहते हो"

"He will be gone for some time"

"वह कुछ समय के लिए चला जायेगा"

"while he is gone I will tell you what to do"

"जब वह चला जाएगा तो मैं तुम्हें बताऊँगा कि क्या करना है"

She listened carefully to Aladdin

उसने अलादीन की बात ध्यान से सुनी

and when he left she arrayed herself beautifully

और जब वह चला गया तो उसने खुद को खूबसूरती से सजाया

she hadn't dressed like this since she had left her city

उसने अपने शहर छोड़ने के बाद से इस तरह के कपड़े नहीं पहने थे

She put on a girdle and head-dress of diamonds

उसने हीरे की कमरबंद और सिर पर रत्नजड़ित पोशाक पहन ली

she was more beautiful than ever

वह पहले से भी अधिक सुन्दर थी
and she received the magician with a smile
और उसने जादूगर का मुस्कराते हुए स्वागत किया
"I have made up my mind that Aladdin is dead"
"मैंने मन बना लिया है कि अलादीन मर चुका है"
"my tears will not bring him back to me"
"मेरे आँसू उसे मेरे पास वापस नहीं लायेंगे"
"so I am resolved to mourn no more"
"इसलिए मैंने अब और शोक न करने का संकल्प लिया है"
"therefore I invite you to sup with me"
"इसलिए मैं आपको मेरे साथ भोजन करने के लिए आमंत्रित करता हूँ"
"but I am tired of the wines we have"
"लेकिन मैं हमारे पास मौजूद शराब से थक गया हूँ"
"I would like to taste the wines of Africa"
"मैं अफ्रीका की वाइन का स्वाद लेना चाहूंगा"
The magician ran to his cellar
जादूगर अपने तहखाने की ओर भागा
and the Princess put the powder Aladdin had given her in her cup
और राजकुमारी ने अलादीन द्वारा दिया गया पाउडर अपने प्याले में डाल लिया
When he returned she asked him to drink to her health
जब वह वापस लौटा तो उसने उससे अपने स्वास्थ्य के लिए पीने को कहा
and she handed him her cup in exchange for his
और उसने उसे उसके बदले में अपना प्याला दे दिया
this was done as a sign to show she was reconciled to him
यह एक संकेत के रूप में किया गया था यह दिखाने के लिए कि वह उससे मेल मिलाप कर रही थी
Before drinking the magician made her a speech

शराब पीने से पहले जादूगर ने उसे एक भाषण दिया

he wanted to praise her beauty

वह उसकी सुंदरता की प्रशंसा करना चाहता था

but the Princess cut him short

लेकिन राजकुमारी ने उसे रोक दिया

"Let us drink first"

"चलो पहले पीते हैं"

"and you shall say what you will afterwards"

"और उसके बाद जो कहना चाहोगे कहोगे"

She set her cup to her lips and kept it there

उसने अपना प्याला अपने होठों से लगाया और वहीं रखा

the magician drained his cup to the dregs

जादूगर ने अपना प्याला पूरा खाली कर दिया

and upon finishing his drink he fell back lifeless

और अपना ड्रिंक ख़त्म करते ही वह बेजान होकर गिर पड़ा

The Princess then opened the door to Aladdin

राजकुमारी ने फिर अलादीन के लिए दरवाजा खोला

and she flung her arms round his neck

और उसने अपनी बाहें उसके गले में डाल दीं

but Aladdin asked her to leave him

लेकिन अलादीन ने उसे छोड़ देने को कहा

there was still more to be done

अभी और भी कुछ किया जाना बाकी था

He then went to the dead magician

फिर वह मृत जादूगर के पास गया

and he took the lamp out of his vest

और उसने अपनी बनियान से दीपक निकाला

he bade the genie to carry the palace back

उसने जिन्न को महल वापस ले जाने का आदेश दिया

the Princess in her chamber only felt two little shocks

राजकुमारी को अपने कक्ष में केवल दो छोटे झटके महसूस हुए

in little time she was at home again
कुछ ही देर में वह फिर घर आ गई
The Sultan was sitting on his balcony
सुल्तान अपनी बालकनी पर बैठा था।
he was mourning for his lost daughter
वह अपनी खोई हुई बेटी के लिए शोक मना रहा था
he looked up and had to rub his eyes again
उसने ऊपर देखा और उसे फिर से अपनी आँखें रगड़नी पड़ीं
the palace stood there as it had before
महल वहीं खड़ा था जैसा पहले था
He hastened over to the palace to see his daughter
वह अपनी बेटी को देखने के लिए जल्दी से महल की ओर चला गया।
Aladdin received him in the hall of the palace
अलादीन ने महल के हॉल में उसका स्वागत किया
and the princess was at his side
और राजकुमारी उसके पास थी
Aladdin told him what had happened
अलादीन ने उसे बताया कि क्या हुआ था
and he showed him the dead body of the magician
और उसने उसे जादूगर का मृत शरीर दिखाया
so that the Sultan would believe him
ताकि सुल्तान उस पर विश्वास करे
A ten days' feast was proclaimed
दस दिन का उत्सव घोषित किया गया
and it seemed as if Aladdin might now live the rest of his life in peace
और ऐसा लग रहा था मानो अलादीन अब अपना बाकी जीवन शांति से जी सकेगा
but his life was not to be as peaceful as he had hoped
लेकिन उसका जीवन उतना शांतिपूर्ण नहीं था जितना उसने

आशा की थी

The African magician had a younger brother

अफ़्रीकी जादूगर का एक छोटा भाई था

he was maybe even more wicked and cunning than his brother

वह शायद अपने भाई से भी अधिक दुष्ट और चालाक था

He travelled to Aladdin to avenge his brother's death

वह अपने भाई की मौत का बदला लेने के लिए अलादीन के पास गया

he went to visit a pious woman called Fatima

वह फातिमा नामक एक धर्मपरायण महिला से मिलने गया

he thought she might be of use to him

उसने सोचा कि वह उसके काम आ सकती है

He entered her cell and put a dagger to her breast

वह उसकी कोठरी में घुस गया और उसकी छाती पर खंजर रख दिया

then he told her to rise and do his bidding

फिर उसने उससे कहा कि वह उठे और उसका आदेश माने

and if she didn't he said he would kill her

और अगर वह ऐसा नहीं करती तो वह उसे मार देगा

He changed his clothes with her

उसने उसके साथ अपने कपड़े बदले

and he coloured his face like hers

और उसने अपना चेहरा उसके जैसा रंग लिया

he put on her veil so that he looked just like her

उसने उसका घूंघट डाल दिया ताकि वह बिल्कुल उसके जैसा दिखे

and finally he murdered her despite her compliance

और अंततः उसने उसकी सहमति के बावजूद उसकी हत्या कर दी

so that she could tell no tales

ताकि वह कोई कहानी न बता सके
Then he went towards the palace of Aladdin
फिर वह अलादीन के महल की ओर चला गया।
all the people thought he was the holy woman
सभी लोगों ने सोचा कि वह पवित्र महिला थी
they gathered round him to kiss his hands
वे उसके हाथ चूमने के लिए उसके चारों ओर इकट्ठे हुए
and they begged for his blessing
और उन्होंने उसका आशीर्वाद मांगा
When he got to the palace there was a great commotion around him
जब वह महल में पहुंचा तो उसके चारों ओर बहुत हलचल मची हुई थी।
the princess wanted to know what all the noise was about
राजकुमारी जानना चाहती थी कि यह सारा शोर किस बात पर है
so she bade her servant to look out of the window
इसलिए उसने अपने नौकर को खिड़की से बाहर देखने को कहा
and her servant asked what the noise was all about
और उसके नौकर ने पूछा कि यह शोर किस बात का है
she found out it was the holy woman causing the commotion
उसे पता चला कि यह पवित्र महिला ही थी जो हंगामा कर रही थी
she was curing people of their ailments by touching them
वह लोगों को छूकर उनकी बीमारियों का इलाज कर रही थी
the Princess had long desired to see Fatima
राजकुमारी लंबे समय से फातिमा को देखना चाहती थी
so she got her servant to ask her into the palace
इसलिए उसने अपने नौकर को महल में आने के लिए कहा
and the false Fatima accepted the offer into the palace
और झूठी फातिमा ने महल में प्रवेश का प्रस्ताव स्वीकार कर

लिया

the magician offered up a prayer for her health and prosperity

जादूगर ने उसके स्वास्थ्य और समृद्धि के लिए प्रार्थना की

the Princess made him sit by her

राजकुमारी ने उसे अपने पास बैठाया

and she begged him to stay with her

और उसने उससे अपने साथ रहने की विनती की

The false Fatima wished for nothing better

झूठी फातिमा ने इससे बेहतर कुछ नहीं चाहा

and she consented to the princess' wish

और उसने राजकुमारी की इच्छा पर सहमति जताई

but he kept his veil down

लेकिन उसने अपना घूंघट नीचे रखा

because he knew that he would be discovered otherwise

क्योंकि वह जानता था कि अन्यथा उसे खोज लिया जाएगा

The Princess showed him the hall

राजकुमारी ने उसे हॉल दिखाया

and she asked him what he thought of the hall

और उसने उससे पूछा कि वह हॉल के बारे में क्या सोचता है

"It is a truly beautiful hall," said the false Fatima

झूठी फातिमा ने कहा, "यह सचमुच एक सुंदर हॉल है।"

"but in my mind your palace still wants one thing"

"लेकिन मेरे मन में आपके महल को अभी भी एक चीज़ चाहिए"

"And what is it that my palace is missing?" asked the Princess

"और मेरे महल में क्या कमी है?" राजकुमारी ने पूछा

"If only a Roc's egg were hung up from the middle of this dome"

"काश इस गुम्बद के बीच में एक रॉक का अंडा लटका दिया

जाता"

"then your palace would be the wonder of the world," he said

"तब तो आपका महल दुनिया का आश्चर्य होगा," उन्होंने कहा

After this the Princess could think of nothing but the Roc's egg

इसके बाद राजकुमारी रॉक के अंडे के अलावा और कुछ नहीं सोच सकी

when Aladdin returned from hunting he found her in a very ill humour

जब अलादीन शिकार से लौटा तो उसने उसे बहुत ही बुरे मूड में पाया

He begged to know what was amiss

उसने जानना चाहा कि आखिर गड़बड़ क्या है?

and she told him what had spoiled her pleasure

और उसने उसे बताया कि किस बात ने उसका आनंद खराब कर दिया था

"I'm made miserable for the want of a Roc's egg"

"मैं रॉक के अंडे की चाहत में दुखी हो गया हूँ"

"If that is all you want you shall soon be happy," replied Aladdin

"यदि तुम यही चाहते हो तो तुम जल्द ही खुश हो जाओगे," अलादीन ने कहा

he left her and rubbed the lamp

उसने उसे छोड़ दिया और दीपक रगड़ दिया

when the genie appeared he commanded him to bring a Roc's egg

जब जिन्न प्रकट हुआ तो उसने उसे रॉक का अंडा लाने का आदेश दिया

The genie gave such a loud and terrible shriek that the hall shook

जिन्न ने इतनी तेज और भयानक चीख मारी कि हॉल हिल गया

"Wretch!" he cried, "is it not enough that I have done everything for you?"

"दुष्ट!" वह चिल्लाया, "क्या यह पर्याप्त नहीं है कि मैंने तुम्हारे लिए सब कुछ किया है?"

"but now you command me to bring my master"

"परन्तु अब आप मुझे आज्ञा दें कि मैं अपने स्वामी को ले आऊँ"

"and you want me to hang him up in the midst of this dome"

"और आप चाहते हैं कि मैं उसे इस गुंबद के बीच में लटका दूं"

"You and your wife and your palace deserve to be burnt to ashes"

"तुम और तुम्हारी पत्नी और तुम्हारा महल जलाकर राख कर दिए जाने के लायक हैं"

"but this request does not come from you"

"लेकिन यह अनुरोध आपकी ओर से नहीं है"

"the demand comes from the brother of the magician"

"यह मांग जादूगर के भाई की ओर से आई है"

"the magician whom you have destroyed"

"वह जादूगर जिसे तुमने नष्ट कर दिया है"

"He is now in your palace disguised as the holy woman"

"वह अब पवित्र महिला के वेश में आपके महल में है"

"the real holy woman he has already murdered"

"असली पवित्र महिला की उसने पहले ही हत्या कर दी है"

"it was him who put that wish into your wife's head"

"यह वही था जिसने आपकी पत्नी के दिमाग में यह इच्छा डाली थी"

"Take care of yourself, for he means to kill you"

"अपना ख्याल रखना, क्योंकि वह तुम्हें मारना चाहता है"
upon saying this, the genie disappeared
यह कहते ही जिन्न गायब हो गया
Aladdin went back to the Princess
अलादीन राजकुमारी के पास वापस गया
he told her that his head ached
उसने उससे कहा कि उसका सिर दर्द कर रहा है
so she requested the holy Fatima to be fetched
इसलिए उसने पवित्र फातिमा को लाने का अनुरोध किया
she could lay her hands on his head
वह उसके सिर पर हाथ रख सकती थी
and his headache would be cured by her powers
और उसकी शक्तियों से उसका सिरदर्द ठीक हो जाएगा
when the magician came near Aladdin seized his dagger
जब जादूगर निकट आया तो अलादीन ने उसका खंजर पकड़ लिया
and he pierced him in the heart
और उसने उसके हृदय में छेद कर दिया
"What have you done?" cried the Princess
"तुमने क्या किया है?" राजकुमारी चिल्लाई
"You have killed the holy woman!"
"तुमने पवित्र महिला को मार डाला है!"
"It is not so," replied Aladdin
"ऐसा नहीं है," अलादीन ने उत्तर दिया।
"I have killed a wicked magician"
"मैंने एक दुष्ट जादूगर को मार डाला है"
and he told her of how she had been deceived
और उसने उसे बताया कि कैसे उसके साथ धोखा हुआ था
After this Aladdin and his wife lived in peace
इसके बाद अलादीन और उसकी पत्नी शांति से रहने लगे
He succeeded the Sultan when he died

सुल्तान की मृत्यु के बाद वह उसके उत्तराधिकारी बने
he reigned over the kingdom for many years
उसने कई वर्षों तक राज्य पर शासन किया
and he left behind him a long lineage of kings
और वह अपने पीछे राजाओं की एक लंबी वंशावली छोड़ गया

The End
अंत

www.tranzlaty.com

www.ingramcontent.com/pod-product-compliance
Lightning Source LLC
Chambersburg PA
CBHW012009090526
44590CB00026B/3937
9781835669228